Les formes et les jouets

Miss Tweedy

Dédié à mes
petits-enfants

KoDZo BooKS

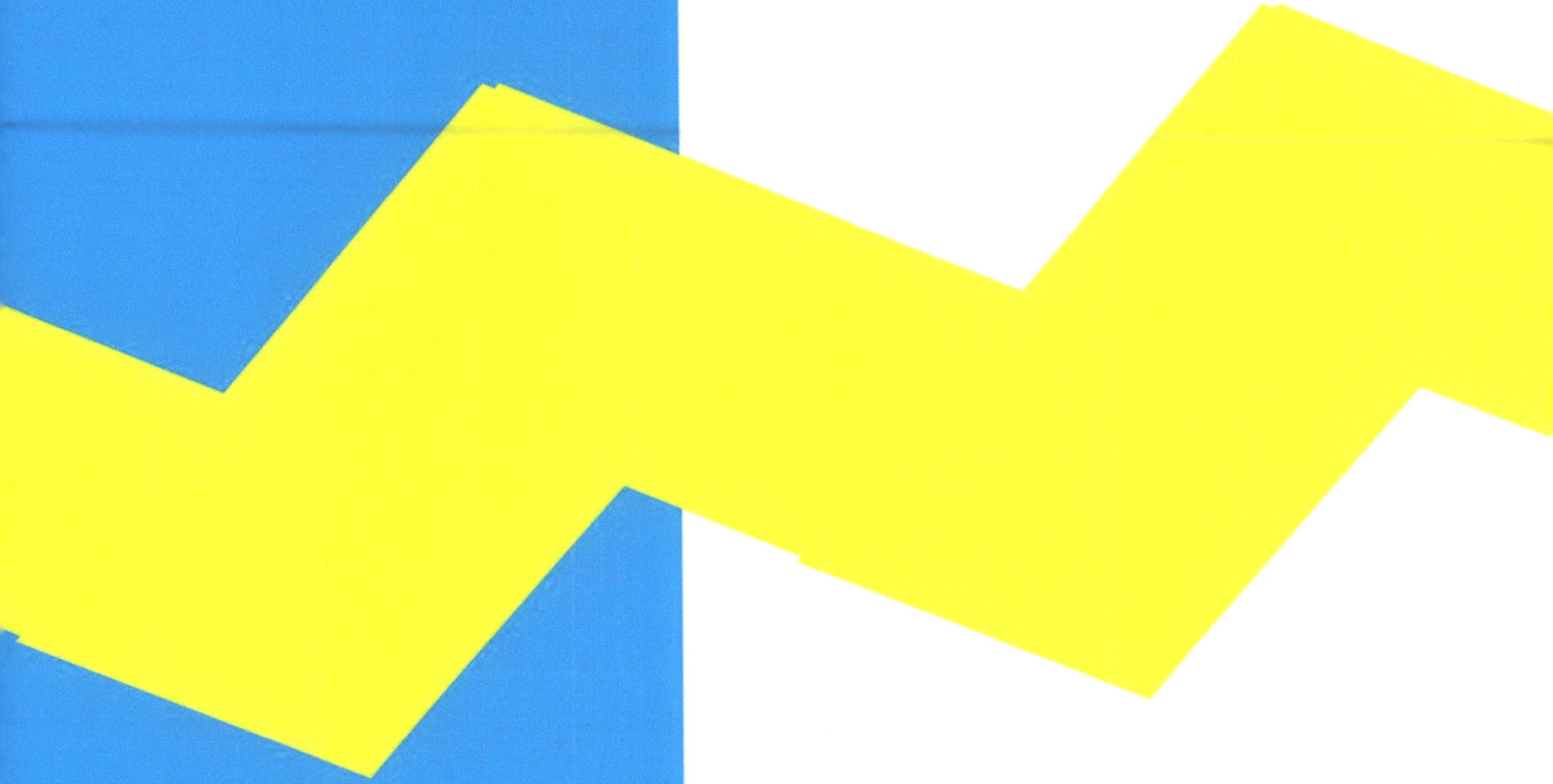

Je peux **lire**
et **compter**
les **formes.**

4 lignes
noires,

2 rhombus
noirs,

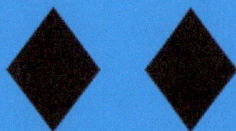

1 rectangle bleu,

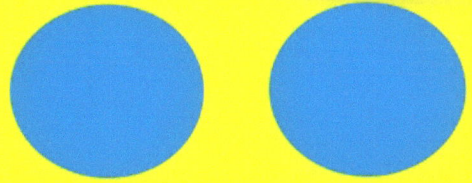

2 cercles bleus,

et **1 rectangle orange.**

Pouvez
formes
faire des
formes?

Mette
1
rectangle
orange,

avec
1 rectangle
bleu,

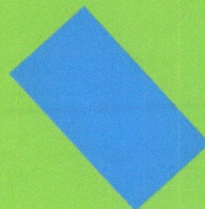

et 2
cercles
bleus,

plus **2**
rhombus noirs,

et 4
lignes
noires.

Oui!

Formes faites
un **wagon.**

Peux les mêmes **formes** faire une nouvelle **forme?**

Mette
4 lignes
noires,

et 2
rhombus
noirs,

avec
1
rectangle
bleu,

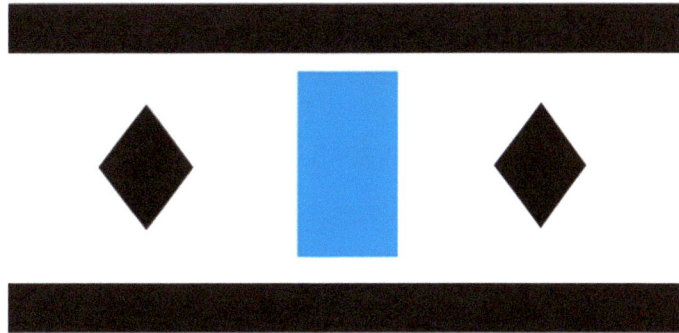

plus **2**
cercles
bleus,

et 1
rectangle
orange.

Oui!

Oui!

Formes fait un **tambour**.

Peux nos **formes**
faire une **forme** finale?

Mette **2**
rhombus
noirs,

et 1
rectangle
orange,

avec
4 lignes
noires,

plus **2**
cercles
bleus,

et 1
rectangle
bleu.

Oui! Oui! Oui!

Formes fait
un **robot**.

Quelles
formes

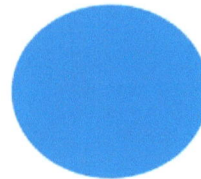

pouvez-vous
faire?

1 rectangle
orange

1 rectangle
bleu

4 lignes
noires

2 rhombus
noirs

2 cercles
bleus

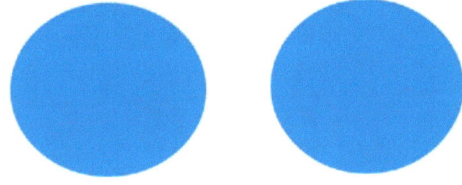

Idées pour les parents et les enseignants:

Découpez les chiffres et les mettre les dans un sac à glissière en plastique afin de pouvoir les réutiliser.

Idées pour les parents et les enseignants:

Découpez les chiffres et les mettre les dans un sac à glissière en plastique afin de pouvoir les réutiliser.

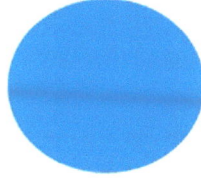

Essayez notre autre série interactive.

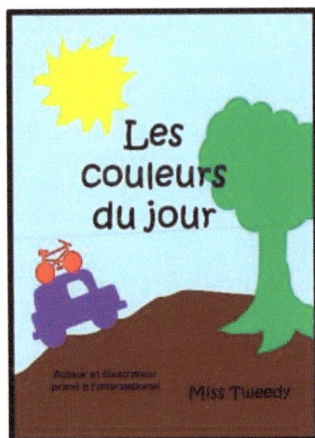

Les couleurs du jour

Auteur et illustrateur primé à l'international

Miss Tweedy

Les couleurs de la nuit

Auteur et illustrateur primé à l'international

Miss Tweedy

Les couleurs du pritemps

Auteur et illustrateur primé à l'international

Miss Tweedy

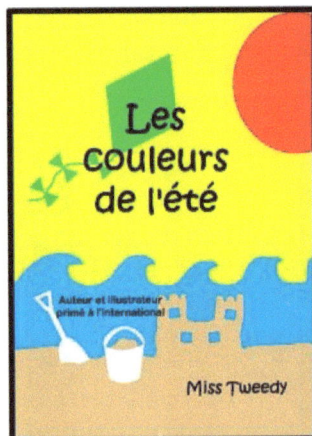

Les couleurs de l'été

Auteur et illustrateur primé à l'international

Miss Tweedy

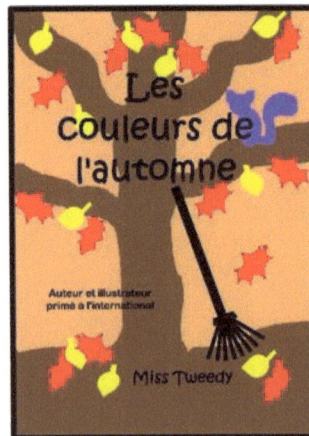

Les couleurs de l'automne

Auteur et illustrateur primé à l'international

Miss Tweedy

Les couleurs de l'hiver

Auteur et illustrateur primé à l'international

Miss Tweedy

Disponible dans les **livres électroniques** et les **livres de poche** dans **anglais, espagnol et français**.

La page d'activité PDF de ces livres est également disponible sur www.kodzobooks.com.

Merci beaucoup!

Le plus grand cadeau que vous pouvez offrir à un auteur est un commentaire sincère sur Amazon ou tout autre site dédié aux livres. Cela aide considérablement à mettre dans les mains des lecteurs des livres de qualité.

Si vous souhaitez recevoir des mises à jour par e-mail et des offres spéciales de Kodzo Books, inscrivez-vous à l'adresse suivante:

www.KodzoBooks.com

www.ingramcontent.com/pod-product-compliance
Lightning Source LLC
Chambersburg PA
CBHW042102040426

42448CB00002B/106